Om förändringar
och att nå sina mål

Om förändringar
och att nå sina mål

Jimmy Algotsson

© 2015 Jimmy Algotsson

Omslagsbild i original:
Fotograf Mikael Damkier/Pixgallery.se
Illustrationer:
Jimmy Algotsson, all-free-download.com och
pixabay.com

Förlag och tryck: BoD

ISBN: 978-91-7463-584-3

Innehållsförteckning

Inledning 7

1. Perspektiv på förändring 9

2. Den mänskliga hjärnan och förändring 14

3. Att möta och genomföra förändringar 18

4. Mentala målbilder och feedback 33

5. Terapeutiska metoder för förändring 40

6. Lycka 51

7. Att kunna tänka nytt 57

8. Tankens makt 64

9. Att förändra det förflutna 73

10. Förändring och gruppdynamik 79

11. Förändringar i komplexa system 89

Avslutning 99

Referenser 100

Författaren 104

Inledning

Den här boken handlar om hur vi kan förstå, hantera och åstadkomma förändringar. Eftersom syftet med förändringar ofta är att vi vill uppnå olika mål som vi har, blir det också naturligt att en stor del av boken tar upp frågor kring hur vi åstadkommer förändringar.

Det finns ett talesätt som lyder: Bättre bygga på egna insikter än andras åsikter. Och tanken bakom den här boken är att ge fördjupade insikter att stå på för alla som möter och vill genomföra förändringar.

Boken börjar med att ge några allmänna men tänkvärda infallsvinklar på förändringar. Så håll ut ni som otåligt väntar på mer konkreta och personliga verktyg. Efter det går boken över till hur vi som människor hanterar de förändringar som vi möts av, hur vi åstadkommer förändringar, vilka förutsättningar som krävs och betydelsen av sammanhanget som förändringarna sker inom.

1

Perspektiv på förändring

Även om den här boken främst handlar om förändringar i det vardagliga livet, så inleder vi med en mer filosofisk utblick. För det vi inte tänker på dagligdags är att det är förändringar som definierar tiden. Men tänker vi efter så kommer vi ganska snabbt på att det är förändringarna som gör att vi märker att tiden går, som när dag blir till natt eller när vinter blir till vår. Tid och förändring är samma sak. Utan förändringar skulle inte tiden existera. Förändringar blir då tillsammans med tidens gång oundvikliga. Från att solen och jorden bildades har förutsättningarna på jorden och för oss människor ständigt ändrats.

Förändringar sker hela tiden både i det stora och i det lilla. Det är därför vi måste kunna förstå och hantera förändringar, och när det är möjligt styra dem i önskad riktning.

Om förändringar är något som ständigt sker, hur uppfattar vi då dem? När stora och konkreta förändringar får genomslag märker vi det med lätthet: t ex vid en revolution, som när berlinmuren föll 1989, eller när en ny banbrytande teknik introduceras.

Men oftast sker förändringar i små omärkbara steg, som i sin tur kan leda fram till större förändringar. Det är som med floden. Små förändringar sker hela tiden eftersom vattnet ständigt flyter fram, och bit för bit så har floden med åren karvat ut en ny fåra att följa. För vårt ovaksamma öga verkar ingenting hända utan floden ligger där den alltid legat. Likadant kan det vara för ett gift par. Alla de olika förändringar som de utsätts för, och som de inte ser och tänker på, kan antingen leda fram till att de närmar sig varandra eller att de långsamt och osynligt glider isär.

Många gånger har vi sålunda svårt att se förändringarna när vi befinner oss mitt i dem. Men oavsett om vi vill styra förändringen i någon ny riktning eller försöka bevara det som är måste vi förstå förändringens påverkan för att kunna göra det.

Vår oförmåga att inse förändringens kraft leder ofta till att vi gör antaganden att det mesta kommer att bli som det alltid varit. Människan har vid otaliga tillfällen i historien varit säker på att hon nu vet det som finns att veta och att fler större förändringar inte är att vänta. Det här kan exemplifieras med följande två citat från historien som, oavsett om de är fullständigt korrekt återgivna eller inte, reflekterar den tidens uppfattning:

"Jag tänker avfärda alla idéer om nya krigsredskap och maskiner. Uppfinningen av dem har nått sin kulmen och jag hyser inga förhoppningar om att de ska kunna förbättras ytterligare."

Julius Frontinus, militärteoretiker och ståthållare i Britannien 76-78 e.Kr.

"Jag tror att det finns en marknad i världen för kanske fem datorer."

IBM:s styrelseordförande, Thomas Watson, 1943

Förändringar brukar vi alltså uppfatta och förstå först när de har satts in i ett längre tidsperspektiv, och allra lättast har vi att se dem i backspegeln. Samtidigt som de flesta av oss har svårt att se förändringar finns det personer som har lättare för att både förutse och driva förändringar. Leonardo da Vinci var ett sådant framsynt geni. Långt innan människan kunde flyga ritade han prototyper till flygplan och helikoptrar.

Vi kan också konstatera att det ofta är svårt att uppfatta hur lång tid en förändring har tagit och hur stabil den är. Dessutom tänker vi sällan på hur snabbt förändringar kan bryta igenom och etableras, även om de har ganska så stor betydelse i våra liv. På 1990-talet kommer t ex mobiltelefonen, hemdatorn och internet i allmänt bruk. Det här är saker som upplevs som om de alltid har funnits. På en av mina tidigare arbetsplatser (ett vanligt svenskt medelstort kontor) var motståndet stort bland de anställda när det infördes persondatorer. Det var år 1995. Idag känns det som en märklig historia från en avlägsen tid.

Faxen, videobandspelaren och cd-skivan upplevs som ålderdomliga fast de knappt har trettio år på nacken. Iphone introducerades 2007 och redan känns det som en självklarhet med så kallade smarta telefoner, och något som funnits i evigheter. Sådant som de flesta av oss i västvärlden ser som självklarheter har funnits i mindre än hundra år, till exempel

rinnande kallt och varmt vatten inomhus, demo-
krati, tvättmaskin och tv. Det här är saker som emel-
lertid inte är självklara än idag för en stor del av jor-
dens befolkning.

2

Den mänskliga hjärnan
och förändring

Vi har alltså konstaterat att många förändringar märker vi inte, och när en förändring är etablerad är det lätt att vi tar den för något självklart.

Men i allmänhet tycker vi att förändringar ofta är ganska jobbiga, och som vi ska se lite längre fram kan det även gälla när de innebär något bra för oss. Förändringar som bygger vidare på något gammalt har vi lättare att acceptera än om de innebär något nytt som bryter mot det gamla. Särskilt svårt har vi för förändringar som medför att vi måste ifrågasätta vedertagna sanningar eller vår bild av verkligheten. Då kan det också ta lång tid för dem att få genomslag.

När Galileo Galilei med bestämdhet hävdade att

jorden kretsade kring solen ställdes han år 1633 inför inkvisitionens domstol i Vatikanen i Rom. Han döms till livstids fängelse och tvingas avsäga sig tron på att solen utgör planetsystemets centrum. Återstoden av sitt liv tillbringar han i husarrest. Mot slutet av 1600-talet blev det sedan en allmänt accepterad sanning att solen utgör centrum för våra planeter.

Processen med att förändra människans världsbild från föreställningen att jorden var universums centrum till att jorden kretsar kring solen tog cirka två hundra år. Men det var långt senare, först på 1980-talet, som Vatikanen erkände att de hade fel i fallet med Galilei. Att förändra vår syn på jorden som solsystemets medelpunkt var inte bara en lång process utan också plågsam för många inblandade.

Hur kommer det sig då att det kan vara så svårt för oss att ta till oss förändringar, såsom nya kunskaper om hur universum är uppbyggd? Jo, det är hjärnans behov av att skapa helheter för att förstå och hantera världen som gör att den letar efter bekräftelser i vår omgivning på hypoteser vi har, samtidigt som den gärna ignorerar sådant som motsäger dem.

Men när hjärnan får tillräckligt med ny kunskap, utifrån erfarenhet eller utbildning, som motsäger sig den gamla sanningen förändras det här mönstret som hjärnan förhåller sig till och en ny sanning skapas.

Övergången från en sanning till en annan sanning kan dock vara en period av frustration för personen i fråga. Att inte ha en sammanhängande förklaring till omvärlden är påfrestande. Är det dessutom en övergång från en uppfattning som är kopplad till känslor av trygghet eller stolthet är en sådan förändring ännu svårare. Då är det särskilt lätt att personen håller sig fast vid den gamla synen på saker och ting och undviker att ta till sig ny information.

En slutsats vi kan dra från det här är att det kan ta tid att förändra någon annans uppfattning, vilket kräver tålamod. Det kan också behövas mycket bevisning. När en känsla såsom rädsla eller stolthet dominerar måste man kanske också påverka det som skapar grundkänslan.

Det vi kanske inte alltid reflekterar över är att vi som människor hela tiden presenteras för alternativa verklighetsbilder av hur olika saker fungerar och av vad som sker runt omkring oss. En del av dessa verklighetsbilder blir sedan till vedertagna sanningar. Vid valet av vilken sanning som är den bästa för att beskriva en viss aspekt i livet är det inte alltid de mest logiska argumenten som avgör. Som vi konstaterade har vi till exempel en tendens till att lättare acceptera argument som bygger vidare på gamla argument än att acceptera dem som bryter helt med de gamla.

De psykologiska problem som finns vid valet av olika sanningar som finns i omlopp har försökt beskrivas av John Kenneth Galbraith, som bland annat varit professor vid Harvard. Han myntade uttrycket konventionell visdom. Det var ett begrepp för att beskriva allmänt etablerade och vedertagna sanningar och åsikter.

Han hävdar att den sanning vi helst vill stödja är den som sammanfaller med egenintresset och det personliga välbefinnandet, eller den som ger störst chans att undvika obekväma ansträngningar eller oreda i livet. Det som bidrar mest till vår självaktning finner vi också lättast att godta. Eftersom att förstå komplexa ting är psykiskt tröttande klamrar vi oss fast vid de idéer som motsvarar våra förväntningar. För att något ska bli en gängse uppfattning måste den enligt Galbraith vara enkel, förmånlig, bekväm och trösterik – även om den inte nödvändigtvis är sann.

Här kan man ställa sig själv frågan: Vilka sanningar håller jag mig fast vid för att det verkar tryggt, välkänt eller bekvämt?

3

Att möta och genomföra förändringar

"Att besegra sig själv är att besegra sin mäktigaste fiende."

Drottning Kristina,
svensk regent 1632-1654

När vi vill uppnå ett mål innebär det oftast någon form av förändring. Vi vill förändra vår livssituation, vårt förhållande till andra, vår inställning eller sluta med någon vana vi har. Eller vi kanske till och med vill förändra någon annans inställning eller beteende. Men förändringar är ofta jobbiga psykologiska processer som vi tidigare konstaterat. Citatet ovan från drottning Kristina säger något om hur svårt det till exempel kan vara att övervinna sina egna laster och vanor.

Hur kommer det sig då att det är så svårt att ändra sitt beteende? Jo, det är funktionen där hjärnan söker trygghet genom att leta mönster för att kunna åstadkomma helhet och förståelse. I det arbetet gynnar den sådant som den känner igen, och det gör människan obenägen till förändring. Vi gillar alltså det vi känner igen. Därmed blir det lätt att fastna i vissa beteendemönster även när de är negativa eller rent av skadliga.

Det är som om vi alla skulle ha en liten portvakt inom oss som hindrar nya beteenden. De gamla invanda beteendena gör att vi känner oss trygga. Så fort vi försöker oss på något nytt ger den lilla portvakten oss en stöt av ångest. Det här gör att bytet från ett gammalt invant beteende till ett nytt blir svårt att bryta. Det gamla beteendet ger trygghet, och det nya innebär förändring och därmed något okänt och otryggt.

Sättet som hjärnan fungerar på gör att vi inte alltid är mottagliga för det vi vill vara mottagliga för. Du kanske till och med undermedvetet förstör för dig själv för att slippa den där känslan av ångest som förändring innebär. Om du inte är van vid en viss form av framgång kommer den här framgången ge ångest. Din önskan att undvika ångest gör att du kanske medvetet eller undermedvetet kommer att undvika det mer framgångsrika beteendet. Det här leder till att om du t ex vanligtvis faller för personer som inte passar din personlighet, så när du äntligen träffar någon som du fungerar bra med kommer det att dyka upp en massa negativa funderingar. Exempel på människor som förstör för sig själva genom inlärda dåliga beteenden kan göras många.

Det är naturligt för hjärnan att vilja hålla sig till beteenden som hittills hållit dig vid liv och tagit dig dit du är. Den här instinkten kan emellertid slå fel ibland. Genom att inse att förändring ger ångest kan vi bättre hantera förändringen genom att vi är intellektuellt förberedda.

När du känner till hur du själv och andra fungera vid förändringar blir det alltså lättare att åstadkomma det du önskar. Vill du genomföra någon förändring hos till exempel dig själv, att ersätta någon dålig vana med någon bättre eller vad som helst, så bör du vara förberedd på ett visst inre motstånd bland annat i form av ångest. Men du bör även tänka på att desto oftare vi utsätter oss för förändringens ångest desto mer van blir vi vid den, och ångesten minskar.

Så uppmaningen skulle väl vara att ge dig ut och gör det där du vill göra, men som ger ångest och som du därmed är rädd för. Börja med små steg så kommer det att gå lättare efterhand. Lite ångest i taget kan vi hantera. Man behöver inte börja dyka från tiometerstrampolinen direkt. Starta med att hoppa från bassängkanten och sedan från enmeterstrampolinen. Successivt kommer du att arbeta dig fram till ditt mål att våga dyka från tiometerstrampolinen. Dessutom kan det vara klokt att ta saker etappvis av andra skäl än enbart att modet kan svikta. Det kan behövas träning på vägen. Ett magplask från bassängkanten svider mindre än från högre höjder.

Mer praktiskt och konkret kan man konstatera att om det är något man vill åstadkomma bör man bryta ner det i etappmål. De första etappmålen bör dessutom inte vara allt för svåra att åstadkomma, så att man vänjer sig vid förändringens riktning. De olika stegen mellan de olika etapperna ska inte heller vara allt för svåra att ta, för då skapar vi ett motstånd mot att ta nästa steg. Att tidsätta de olika etappmålen är ett bra komplement för att upprätthålla en viss hastighet i förändringen. Men tänk bara på att inte tidsätta för snävt mellan de olika etapperna så det känns obekvämt och olustigt. Genom att vi hela tiden gör framsteg genom etapper skapar det också en positiv känsla som motiverar oss att fortsätta vidare.

För att förstå hur vi reagerar på förändringar och hur vi bättre ska kunna åstadkomma förändringar, så finns det inom psykologin en välkänd struktur för hur människor reagerar vid kriser. Den är mycket bra att känna till, då det i mångt och mycket är samma process som sker vid de flesta förändringar som inte direkt upplevs som positiva. En kris är en inre upplevelse som utlöses av en negativ händelse såsom en skilsmässa eller en nära anhörigs död. Men en kris kan också komma i mindre varianter, redan vid små förändringar i livet. Mindre kriser som de flesta kan känna igen sig i kan vara kritik för något du gjort på jobbet eller att barnen har förstört den nya dyra tv:n. De olika faserna vid en kris som de flesta brukar kunna känna igen sig i ar:

Chockfasen - Allt kan utifrån se ytterst välordnat ut, men inombords råder kaos. Personen kan hamna i ett handlingsförlamat tillstånd. Ofta kommer för-nekelse kring det som har hänt.
Exempel: När din hustru meddelar att hon vill skiljas kan du helt enkelt inte tro att hon verkligen är helt allvarlig. Du vet inte vad du ska göra och känner dig kanske förvirrad, men försöker agera som om allt är som vanligt.

Reaktionsfasen - Som börjar när man släpper in verkligheten. Man försöker ofta hitta en mening eller orsak till det som hänt. Personen kan känna ilska och bli upprörd över det om hänt.

Exempel: Du förstår att hon faktiskt vill göra slut på er relation. Du funderar på vad du kunde ha gjort annorlunda, och du blir upprörd över hur dum du har varit som gjorde si och så. Du kanske också blir arg på henne som gjorde slut, och i ren frustration väljer du att kasta ut hennes kläder på gården.

Bearbetningsfasen - Då man alltmer börjar återgå till vardagen och åter är mottaglig för nya intryck. Många genomgår en sorgeprocess under den här fasen.

Exempel: Du inser att det faktiskt är slut, och du sitter hemma och tittar på gemensamma semesterbilder och sörjer den förlorade gemenskapen.

Nyorienteringsfasen - Den erfarenhet man gått igenom upplevs inte längre enbart som negativ, eller som ett hinder, utan kan tvärt om ses som en tillgång. Personen accepterar det som hänt och kan gå vidare i sitt liv.

Exempel: Du börjar landa i att relationen är slut, och du kan prata i telefon med den före detta hustrun utan att skrika. Du inser samtidigt att det kanske inte var en så bra relation ni hade, men att du nu med de här erfarenheterna har en möjlighet att träffa någon annan som du fungerar bättre med. Kanske har du redan börjat gå ut för att träffa andra.

De här fyra faserna kan sättas in i det så kallade förändrings-u:et:

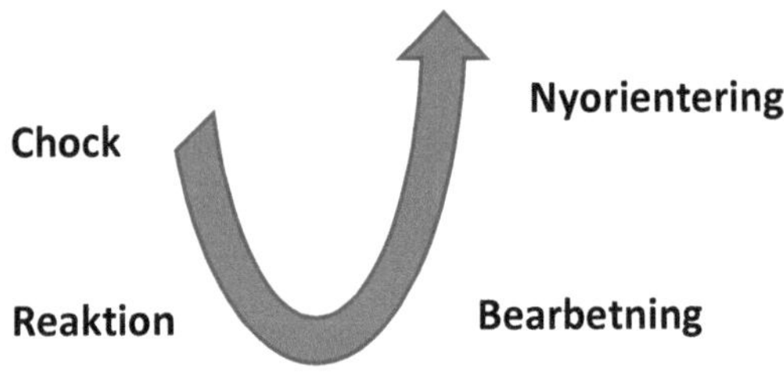

Hur fort en person passerar de olika faserna beror på personen och händelsen. Men det man ska försöka komma ihåg är att först när en person befinner sig i bearbetningsfasen eller nyorienteringsfasen är personen mottaglig för påverkan. Det bör man tänka på om man lämnar ett dåligt besked till någon. Man kanske måste vänta ett tag på att personen ska kunna ta till sig förslag på hur man ska ta sig vidare. Ett konkret exempel på det är vad en person berättade som hade som arbete att hjälpa företag med att

24

säga upp personal. Hans praktiska erfarenheter var att olika erbjudanden om kompetensutveckling och andra stöd för att få nya jobb sällan togs emot särskilt bra samma dag som han lämnade uppsägningsbeskedet. För att de personer som blivit uppsagda skulle komma ihåg det som han berättat och också kunna resonera kring vad som vore lämpligt för dem, krävdes det att han kom tillbaka vid ett senare tillfälle och upprepade samma information.

Det man också kan tänka på med de här faserna i det så kallade förändrings-u:et i åtanke, är att när du själv råkar ut för någon jobbig händelse brukar det efter ett tag gå över, eller i alla fall kännas bättre, när du kommit in i nyorienteringsfasen. Det här gäller naturligtvis även andra som råkar ut för tråkiga händelser.

De här beskrivna faserna gäller inte bara enskilda personer, utan gäller även vid förändringar i olika grupper, såsom en vänskapsgrupp, familj eller på en arbetsplats, om än i varierande omfattning. I en familj kan det gälla något trivialt såsom ett nytt förslag till val av semesterort. Först kommer ett tillstånd av icke-aktivitet då informationen måste tas in. Sedan kan det komma ett tillstånd av motstånd mot förändringen - här kommer alla motargumenten. Slutligen kommer ett tillstånd av bearbetning. Efter det kan man kanske acceptera tanken och till och med tycka att det är en bra idé.

De flesta förslag till förändringar måste alltså ges tid att smältas. Det kan man komma ihåg när man själv har tänkt igenom något som verkar bra, och sedan får man inte direkt den uppspelta respons man tänkt sig när man presenterar förslaget. Personen som möter förslaget måste kanske få tid att bearbeta den förändring förslaget innebär. Det här är ett misstag företagsledningar ofta gör när de presenterar nya förändringar. Ledningen har haft tid att bearbeta och acceptera förändringarna, men kanske inte de övriga anställda. Att ge medarbetarna en möjlighet att tidigare komma in i förändringsarbetet brukar kunna skynda på processen med att få igång förändringen. Annars får man acceptera att inte alla på en gång blir entusiastiska över förslaget och lägger all sin kraft på att förverkliga det.

Sedan ska man komma ihåg att det överlag kan vara svårt att åstadkomma en större förändring om det inte upplevs som nödvändigt. I Hamlet 3:e akten konstateras att: "hellre bär vi våra vanda plågor än flyr till andra som vi inte känner". Vår obenägenhet till förändring, som är en del i vår överlevnadsinstinkt, innebär att vi som oftast tar tag i förändringen först när vi blivit tillräckligt rädda för något, när vi utsätts för någon form av kris eller när vi upplever att bägaren rinner över.

Rädda kan vi bli när vi riskerar att förlora något vi värdesätter, t ex vårt hem, vår familj, vår hälsa eller vårt liv. Olika former av kriser eller katastrofer kan också tvinga oss till förändring, såsom skilsmässor, sjukdom eller naturkatastrofer. När vi upplever att bägaren rinner över, dvs vi står inte längre ut med situationen som den är, är också tillfällen där vi vanligen tar tag i förändringar. I början kan vi ångra vårt beslut och funderar över vad vi kunnat göra annorlunda innan vi börjar se framåt. Uppbrott från dåliga relationer brukar kunna känneteckna av den här typen av förändring där det är bägaren som rinner över.

Den här oviljan till förändringar kan upplevas som ett bekymmer för dem som till exempel vill förändra i en organisation. Olika människor hanterar förändringar olika beroende på personlig läggning och situation. Så när en förändring ska genomföras är det alltid några som har svårt för den förändring som ska till. Ofta brukar de som är ovilliga till en förändring ses som bromsklossar. Men man kan välja hur man vill se på dessa personer som motsätter sig en förändring - antingen som bromsklossar eller som kulturbärare. Ofta har de personer som är negativa till en organisationsförändring varit med om tidigare organisationsförändringar och inte uppfattat dem som särskilt bra för organisationen eller för dem själva. När det då föreslås en ny förändring som ligger i linje med den gamla är de så klart oftast skeptiska. De här personerna brukar dock kunna ändra sig om de blir övertygade att den nya förändringen är till det bättre. Ett konstruktivt sätt att se på dessa personer, som ibland kan upplevas som besvärliga, är att de är bärare av den nuvarande kulturen och bidrar till att förhindra att ogenomtänkta beslut genomförs. För alla förändringar är trots allt inte till det bättre. Sedan finns det ofta ett antal personer som alltid känner sig skrämda och skeptiska inför förändringar oberoende av argumenten. Procentuellt brukar de emellertid vara en mindre andel.

Oavsett kulturbärare eller inte kan det vara otacksamt att driva ett förändringsarbete. De som kan tänkas missgynnas av förändringen kan motarbeta den, och de som kan tänkas främjas av förändringen stödjer den inte förrän de vet att de säkert kommer att gynnas.

Kunskapen om att förändringar är svåra att genomföra om det inte finns en upplevelse av kris brukar många managementkonsulter utnyttja. Genom att uppmuntra organisationer att skapa så kallade anlagda bränder, dvs skapa en känsla av kris hos medarbetarna, underlättar det möjligheten att kunna genomdriva önskade förändringar. Men det här har också en begränsad effekt i längden. Alla vet hur det gick för pojken som allt för ofta ropade "vargen kommer" – efter ett tag är det ingen som tror honom. Det är då bättre att, som tidigare nämnts, skapa en vana för förändringar så att hjärnan blir van att hantera dessa.

Förståelsen för att långsiktigt arbeta fram en vana vid förändringar, och på så sätt skapa en bättre grogrund för kontinuerliga förbättringar, är den filosofi som är grunden för den japanska kvalitetsstrategin – Kaizen. Kaizen brukar översättas till ständiga förbättringar. Det är bland annat det som ligger till grund för Toyotas framgångsrika produktionssystem.

Med kunskap om de här psykologiska processerna som sker vid förändringar kan det underlätta för oss att åstadkomma den förändring vi vill uppnå, såväl professionellt som privat. Som exempel har jag en god vän till mig vars mor intuitivt har förstått hur det här fungerar, och hon har utnyttjat den här kunskapen under hela hans uppväxttid. Varje år då ett nytt semestermål för sommaren ska planeras har hon i god tid, redan långt före jul, införskaffat diverse broschyrer som fokuserar på den plats hon tycker det verkar lämpligt att åka till. De broschyrerna planteras sedan på strategiskt valda platser hemma, och successivt bearbetas pappan i familjen med idén. När det då är dags för att ta beslut om resmål inför sommaren deklarerar pappan i familjen vilket resmål han tycker verkar bäst. Inte allt för sällan är det samma resmål som mamman i familjen redan i god tid har arbetat in. Och vart tror ni de sedan åker?

För att uppnå sina mål är det som sagt många gånger förändringar hos andra man behöver åstadkomma. Då kan det vara värt att notera två andra psykologiskt viktiga aspekter att tänka på när man vill påverka andra.

Den ena är att ge motiv till varför man vill göra något, vilket kan vara otroligt effektivt för att åstadkomma förändring hos någon annan. Det har gjorts många roliga studier på detta område. Som ett exempel kan nämnas ett försök där en person som köade i en matvarubutik bad att få gå förc i kön. Angav personen ingen anledning till att gå före i kön blev personen i flertalet fall nekad att gå före. Men om samma person angav ett skäl fick han vid nästan varje tillfälle gå före, även när använde rent absurda förklaringar såsom att han helt enkelt inte tyckte om att stå i kö. Ordet "därför" har en otrolig psykologisk kraft. Att ge motiv för det man vill åstadkomma ger också information till mottagarna om vad syftet är, och gör att de har lättare att självständigt agera för att uppnå det önskade målet.

Den andra aspekten är att man inte ska underskatta effekten av logiska argument när man ska försöka övertyga någon. Men de som studerat retorik vet att mottagarens förtroende för den som argumenterar påverkar mottagaren väsentligt. Så att jobba upp ett förtroende innan man levererar sina argument kan vara minst lika viktigt som innehållet i själva budskapet. Det är därför försäljare brukar använda en del av tiden till att prata lite allmänt med sin kund innan försäljningsargumenten. Genom att säljaren dessutom kommentera likheter mellan sig och kunden etableras en form av gemenskap, och vi gillar och har mer förtroende för det vi känner igen. Försäljaren kan t ex fråga varifrån du är och kommentera att hans fru är från samma ort. Plötsligt har ni ett band er emellan som skapar ett ökat förtroende, och litar man på någon har man lättare att gå med på det den andra vill att man ska göra.

I det här kapitlet har vi tagit upp flera aspekter av förändringar, så det är kanske på sin plats med en kortare sammanfattning:

- Du bör alltså tänka på att förändringar ofta är jobbiga då vi är trygga med det vi känner igen, så förbered dig på det.

- För att genomföra den förändring du vill ha bör du dela upp dina mål i hanterbara etapper.

- Förändringar behöver bearbetas mentalt, så när du t ex presenterar något nytt måste mottagaren få tid på sig att acceptera det nya.

- Det är vanligt att agera utifrån främst olika former av kriser, men jobba hellre upp en vana vid förändringar så skapas en bättre uthållighet.

- Att ange motiv för det som ska åstadkommas är mycket effektivt, och tänk på att tillit till varandra är viktigt för att påverka någon annan i en ny riktning.

4

Mentala målbilder och feedback

För att åstadkomma den förändring man önskar behöver man också veta vad man vill åstadkomma. Det låter självklart. Men ofta är vi ganska luddiga med vad vi vill och mer tydliga med vad vi inte vill, och det ger mycket sämre effekt.

Som exempel på vikten av att vara tydliga med vad vi vill uppnå, och hur det fungerar, kan vi inledningsvis använda oss av idrottens värld. Inom idrotten använder man sig ofta av mentala målbilder för att lyckas åstadkomma det man vill. Det är ett oerhört kraftfullt redskap.

Vad är då en mental målbild? Jo, det är en inre fokuserad och tydlig bild på det man vill uppnå. Det är till exempel inte särskilt fruktbart för en golfspelare att tänka på alla sätt han inte ska slå med klubban. Det är lättare och enklare att fokusera på hur han ska slå med klubban för att få det utslag han vill. Han upparbetar alltså mentala målbilder som gör att hjärnan inriktar sig på det han vill åstadkomma. Om golfspelaren istället målar upp bilden av att han inte ska slå bollen i vattnet, då ökar sannolikheten att han ska slå bollen i vattnet. Det här beror på att hjärnan inte kan måla upp mentala bilder av att inte göra.

Genom att tänka på att inte slå bollen i vattnet programmerar hjärnan sig först in på hur den ska slå bollen i vattnet, och kroppens muskler ställer in sig på rätt anspänning för uppgiften. Sedan får hjärnan instruktionen att inte göra. Det sistnämnda kommandot är svårt att hantera som bild och därmed blir den inre bilden att man slår bollen i vattnet dominerande. Risken att slå bollen i vattnet ökar alltså med det sättet att tänka.

Hjärnan bör helt enkelt programmeras in på att visualisera det man vill åstadkomma för att få bästa effekt. Så nästa gång du är ute och golfar och vill störa koncentrationen hos din medspelare kan du säga: ”slå inte bollen i bunkern”, så har du stört din medspelare med ytterligare en bild i huvudet som minskar risken för ett perfekt slag. Det är dock inte så snällt gjort.

Den här kunskapen om effekten av mentala bilder kan även användas i vardagen. Om man säger till sina barn att inte hoppa i soffan får barnen bilden av att hoppa i soffan för sitt inre, och den bilden kan leda till en frestelse att hoppa i soffan. Dessutom ger man inte barnen något alternativ förutom att hoppa i soffan. Genom att säga till barnen att de ska gå ut på gården och spela boll får de information om vad som är det önskade beteendet. En inre mental bild av att spela boll på gården kan dessutom leda till lusten att göra det. Förstärker man sin önskade målbild med att försöka öka motivationen genom att påpeka för barnen hur roligt de brukar tycka det är att spela boll, kan det ytterligare öka deras eget intresse av att göra det man önskar att de ska göra. Allra bäst effekt får man om man lyckas få barnen själva att formulera vad de ska göra. Genom att fråga barnen om det inte finns något roligt som de skulle vilja göra ute på gården kanske de självmant säger att de vill gå ut och spela boll.

Att använda sig av positiv feedback kan nästan sägas vara att använda sig av mentala målbilder. Vill man påverka någons beteende visar forskning på att använda negativ feedback inte ger lika stor effekt som positiv feedback. Man bör fokusera på att uppmuntra det önskvärda beteendet genom bland annat beröm, dvs positiv förstärkning, och undvika att uppmärksamma det oönskade beteendet.

Anledningen till att positiv feedback fungerar bra är att det ger information till personen som får berömmet om vad som är ett önskvärt beteende och vad som han/hon bör göra mer av. Negativ feedback, dvs negativ kritik, ger information vad som var fel men säger oftast inget om vad den personen skulle ha gjort istället. Positiv kritik gör oss glada och ger därmed oftast mer energi och motivation. Negativ kritik däremot gör oss besvikna och ledsna, vilket ofta ger mindre energi och motivation.

Kunskap om det här är något som visat sig väldigt effektivt vid barnuppfostran, och används vid utformandet av olika former av föräldraträningsprogram. Oftast är det så att när barnen bråkar får de uppmärksamhet, och när de gör vad vi förväntar oss av dem så får de ingen uppmärksamhet. För ett uppmärksamhetssökande barn blir det då rimligt att ställa till med bråk.

Många har idag hört att det är bra att jobba med positiv feedback, men har inte riktigt förstått vinsterna med att göra det. På de flesta arbetsplatser finns den outtalade regeln: "Gör du något fel får du veta det, och om du inte hör något så gör du förmodligen det du ska rätt". Vilken enorm kraft det finns i ett sådant förhållningssätt, eller? Det här kanske inte alltid bara gäller arbetsplatser, utan kanske också hur vi behandlar våra nära och kära. Här kan du ställa dig själv frågan: Brukar jag berömma personer i min omgivning när de har gjort något bra och något som jag vill att de ska göra mera av, eller påpekar jag mest sådant som jag tycker är fel?

En gång berättade en lärare att hon hade två pojkar i klassen som var fruktansvärt stökiga. Vad hon än hittade på verkade inget hjälpa. Då bestämde hon sig för att hon skulle ge dem beröm så fort de gjorde något rätt, om det så bara var att ställa skorna på rätt plats. Det fungerade. Till slut hade hon fått ordning på pojkarna och de fick en bra relation.

Alltså, att kunna fokusera och kommunicera vad man vill på ett tydligt, motiverande, berömmande och visuellt sätt är oerhört effektivt. Tyvärr är det så att vi lätt glömmer bort det och gärna fokuserar på vad man inte ska göra. Hur vanligt är det inte att vi säger gör inte si eller så till våra barn, och sedan lämnar vi dem att göra något annat som vi sedan kanske inte heller vill att de ska göra. Det är inte lika vanligt att vi berättar vad de gjort bra, berömmer dem för det och säger vad vi önskar att de ska göra nu. Naturligtvis är det inte säkert att de gör som vi vill bara för att vi säger det, men det är mer sannolikt än annars. Likadant är det på en arbetsplats. Får vi en dålig rapport eller dåligt PM i vår hand kan vi oftast med lätthet berätta vad vi tycker inte var så bra – men vi har mer sällan en klar idé om vad vi hade velat ha istället som hade gjort det hela mycket bättre.

Det här gäller inte bara vad vi vill för andra, utan även gentemot oss själva måste vi vara tydliga med vad vi vill för att kunna uppnå det. Om du inte vet vad du vill så blir det slumpen som får lösa det åt dig, oavsett om det är val av arbete, partner eller restaurang. Dessutom om vill du prestera inom något område, oberoende om det är inom en idrott eller en prestation på jobbet, måste du vara tydlig med vad du vill ska vara målet och hur du tar dig dit.

5

Terapeutiska metoder
för förändring

Vi har hittills gått igenom en rad olika aspekter som man bör tänka på om man möts av förändringar och vill genomföra olika förändringar. De har bland annat handlat om hur vi reagerar på förändringar, hur vi överkommer vårt motstånd mot förändringar och tekniker för att i det korta och det längre perspektivet blir mer effektiva i att uppnå önskade förändringar. Finns det då några handfasta färdiga metoder som kan hjälpa oss att komma ihåg hur vi ska driva förändringar i olika former?

Det finns flertalet konkreta metoder för att underlätta olika former av förändringar. De flesta av dessa har sitt ursprung i olika terapeutiska metoder som utvecklats inom psykologin. Metoder som baseras på den kognitiva beteendeterapin inom psykologin har blivit allt populärare. De kan sägas fokusera mer på hur en förändring åstadkoms snarare än att leta efter orsakerna till ett specifikt problem.

En metod som fått genomslag i många sammanhang, och har sitt ursprung i missbruksvården, är den lösningsfokuserade metoden. Ursprungligen går metoden ut på att förändra beteendemönstret hos olika individer, men användningsområdena kan vara vitt skilda. Metoden kan exempelvis användas i utvecklingssamtal, vid strategiarbete eller för att bemöta kunder som i olika sammanhang har problem de vill få hjälp med att lösa. Metoden har mycket gemensamt med det som tagits upp tidigare i boken kring målbilder, positiv feedback och att bryta ner sina mål i etapper.

Utgångspunkten för den lösningsfokuserade metoden är att de flesta etablerade terapiformer har ungefär samma verkningsgrad avseende möjligheterna att förändra beteendet hos en individ. Den viktigaste gemensamma nämnaren hos dessa olika terapiformer för att få förändringseffekt är motivation och målbild. Grundtanken i den lösningsfokuserade metoden blir då att fokusera på lösningen istället för problemen för att bättre åstadkomma den önskade målbilden och motivationen. Det låter ju som något vi oftast redan gör - men frågan är om vi verkligen gör det?

Vårt invanda sätt att hantera problem baseras på en medicinsk tradition. Inom den moderna medicinen fungera det så att vi ställs inför en åkomma, t ex ont i benet. Sedan försöker vi leta efter orsakerna till åkomman för att kunna åtgärda problemet. Vi vill alltså gärna fokusera på orsakerna till problemen.

När man hanterar medicinska problem är det ett rimligt tillvägagångssätt, men när man har med mänskligt beteende att göra blir det svårare. Om till exempel problemet är att en person missbrukar kan orsaksfokuseringen ibland hindra en förändring till ett nyktert beteende. När personen får förklara varför han dricker kanske han förklarar det med att jobbet är eländigt och att han inte trivs hemma. Genom att den som missbrukar radar upp problemen i sitt liv och anledningarna till att han dricker får han beskriva vad som motiverar honom att dricka. Då han själv upprepar de här anledningarna motiverar det bara honom att fortsätta dricka, och det blir svårare att få honom att sluta. Många av anledningarna som ges till att han dricker kan dessutom vara svåra att göra ogjorda, t ex en kärlekslös uppväxt.

Att arbeta lösningsfokuserat innebär att man börjar med målbilden, dvs vad man vill åstadkomma, och undviker att fokusera på förklaringarna till det problem som man vill ha löst. Det kan vara någon som är överviktig och behöver gå ner i vikt. Till att börja med får personen som vill gå ner i vikt beskriva hur det skulle vara om han inte var överviktig. Sålunda beskriver personen kanske att om han inte var överviktig skulle han må bättre och ha mer ork att kunna umgås mer med sina barn. Redan här får personen motiv till varför han ska gå ner i vikt. Det viktiga är att jobba upp en stark motivation och därmed en vilja till att gå ner i vikt.

När någon är motiverad för något har det en enorm påverkan på vår förmåga. Motivation är det mest kraftfulla instrument människan har. Det är det som får oss att kliva upp på morgonen, slå världsrekord i löpning och orka med det där lilla extra. För att hitta rätt motivation bör man fokusera mycket på vilka vinster det finns med att t ex gå ner i vikt. Det är dock viktigt att det är personen själv som formulerar vinsterna med att gå ner i vikt, inte någon annan.

Nästa steg i den lösningsfokuserade metoden är undantagsfrågor, som är viktiga för att få information om vad som fungerar. Här får personen berätta när han lyckats gå ner i vikt. Det kanske visar sig att personen har lyckats gå ner i vikt när han tränar, och lättast har han att träna när aktiviteterna sker tillsammans med sina barn. Följdfrågan blir då vad han kan göra för att få mer tid till träning med sina barn. Här kanske han svarar att han på onsdagar måste komma iväg direkt efter jobbet för att kunna spela badminton med sin son. Vad är det då som krävs för att han ska kunna komma iväg direkt efter jobbet? Jo, svarar personen, han måste planera in sin tid så att han kan komma iväg i tid på onsdagar. Nu har personen beskrivit målet, hur han motiverar sig och första steget mot målet.

Den här beskrivna lösningsfokuserade metoden kan förenklat sammanfattas i ett antal punkter. De här punkterna bör sedan formuleras som frågor. Därefter är det naturligtvis svaren som är det viktiga. Punkterna är som följer:

1) Problemidentifiering

2) Önskat läge och motivation (varför)

3) Undantag (exempel då man närmat sig önskat läge)

4) Slutsatser om hur önskat läge åstadkoms

5) Första steget vidare

Första steget vidare är en form av etapp ett. Det är den första åtgärd man gör för att nå sitt mål. Hur man kommer fram till vad som är nästa steg/etapp kan göras på olika sätt. Vill man kan man antingen resonera sig fram till nästa steg när första steget känns avklarat, eller så kan man redan från början skissa upp olika etapper som ska genomföras tills man når den önskade målbilden. Fördelen med att ha en färdig plan är att det kan vara motiverande att se att man klarar av olika i förväg uppställda etapper mot sitt mål. Men en sådan plan bör man dock vara beredd att kunna revidera eftersom man under resans gång, så att säga, lär sig vad som fungerar bra och mindre bra.

Inom den lösningsfokuserade metoden brukar det också anges fyra grundläggande regler, som kan vara väl värda att ha i åtanke:

Om något fungerar behöver det inte åtgärdas.

Gör mer och bygg vidare på det som fungerar.

Fortsätt inte envist med det som inte fungerar, våga pröva nya lösningar.

Om det går för långsamt, stanna upp och orientera dig istället för att bara fortsätta vidare.

Den beskrivna strukturen inom den lösningsfokuserade metoden kan man med fördel använda på sig själv om man känner att det finns något man vill åstadkomma, men inte riktigt vet hur man ska göra eller om man har energi att göra det. Använder man den här metoden på sig själv är det bra om man också skriver ner svaren på frågorna man ställer till sig själv. Det är annars allt för lätt att bara låta tankarna vandra och sedan kommer man inte riktigt ihåg vad man tänkt. Skrivandet ger en tydligare struktur för minnet, och dessutom när något finns på papper ger det en större känsla av åtagande.

Den här metoden kan du använda om du vill sluta röka, gå ner i vikt, få någon att följa med och träna oftare eller nästan vad som helst. Varför inte pröva på barnen där hemma när det gäller läxläsningen - en lite svårare uppgift kanske? Kom då bara ihåg att det är viktigt att fokusera på det positiva, hur barnen gjorde för att klara läxorna förra gången och inte på varför de inte gjorde dem den här gången. Dessutom bör man fokusera på det som är roligt, och vilka vinster det finns, för att skapa den viktiga motivationen.

Det man också bör tänka på är att om man försöker få slut på ett missbruk, så kommer man oftast till en punkt där personen måste sluta med sitt missbruk helt. Den punkten bör planeras väl eftersom missbruket påverkar signalsubstanserna i hjärnan i så stor utsträckning att man kommer att drabbas av en påfrestande abstinens. Abstinensen utgör ytterligare ett starkt hinder som minskar motivationen till den förändring som man är ute efter. Att i början trappa ner missbruket och sedan sluta tvärt brukar vara det generella tillvägagångssättet som rekommenderas. När man kommer till punkten där missbruket upphör helt gäller det då att ha planerat in aktiviteter som avleder fokuseringen från missbruket.

En fördjupad teknik inom den lösningsfokuserade metoden är att ställa den generella frågan om vad som behöver göras för att personen ska nå sitt mål. Skillnaden är dock att frågan ställs utifrån ett omvänt historiska perspektiv, dvs frågan ställs med utgångspunkt från att man redan befinner sig i det tänka framtida tillståndet. Frågan blir alltså hur man kommit till målet även om man inte kommit dit ännu.

Berättar någon hur man ska ta sig till ett visst mål fokuserar man lätt på de hinder som måste hanteras. Genom att ställa frågor om vilka hinder och problem som står i vägen brukar det uppenbaras att det står ytterligare ett hinder bakom det hinder som just röjts undan. Att då arbeta med att ta bort hinder och problem kan visa sig vara en oändlig och övermäktig uppgift. Men berättar någon hur denne har tagit sig till ett visst mål ges information om hur han/hon gjort – dvs vad man ska göra. Att utgå från ett omvänt historiskt perspektiv gör att man får bättre fokus på det som behöver göras och inte fastnar vid mindre fruktsamma åtgärder, såsom att diskutera alla hinder och problem som finns. Det här är samma metod som används på företag för att ta fram strategier för att nå sina visioner. Det här är också en metod som är bra för att ta fram handlingsplaner inför olika projekt med mera, eller för den delen att förbättra redan existerande processer.

Syftet med den fördjupade tekniken inom den lösningsfokuserade metoden är att få en mer effektiv förändringsprocess, bland annat i form av hur snabbt man kan åstadkomma de önskade förändringarna. Då kommer vi osökt fram till ännu en fråga som dyker upp i samband med förändringar: Hur snabbt kan en förändringsprocess genomföras?

Svaret är att ibland kan förändringar gå mycket snabbt, men när man ska förändra gäller det som oftast att kunna vara uthållig. Psykologisk forskning har visat att förändra ett beteende tar tid. Ibland har vi allt för orealistiska förväntningar om hur snabbt det går att förändra ett beteende. Om någon har haft flera decennier på sig att skaffa sig sitt beteende ska man inte tro att det förändras över en natt. Det här kan gälla att gå ner i vikt, sluta röka, sluta stressa eller vad som helst. Förändringar tar tid, men steg i rätt riktning bör uppmärksammas, berömmas, belönas och förstärkas för att åstadkomma rätt resultat. Om ingen annan ger dig uppskattning för dina framsteg så glöm inte bort att ge dig själv beröm.

Ett sätt för att påskynda en förändring, som tidigare nämnts, är emellertid att skapa en känsla av kris. Känner vi oss på något sätt hotade kan vi ibland motivera oss igenom en förändring mycket snabbt. Men problemet med det är att det sällan är en långsiktigt hållbar lösning. Bland annat leder upplevelsen av en ständig kris till att känslan av kris ebbar ut efter ett tag. Känslan av kris kan också i vissa sammanhang förstärka ett beteende som man vill bli av med. Om en person till exempel röker och får diagnosen lungcancer kan det öka det upplevda behovet av att röka. Anledningen till det är att diagnosen leder till en ökad ångest, och om personen använt rökning som ångestdämpare ökar suget att röka när ångesten ökar. Det här kan göra att en person som rökt i många år och fått diagnosen lungcancer ändå smiter iväg från en pågående behandling för att ta ett bloss, även om det för oss andra verkar irrationellt.

Så för säkerhetsskull, även om en förändring kan gå snabbare än vi anar, förbered dig på att den tar tid. Dessutom kan orimliga förväntningar på hur snabbt det ska kunna gå att genomföra en förändring grusa den fortsatta motivationen helt om förväntningarna inte infrias.

6

Lycka

"Jag är övertygad om att själva meningen med vårt liv är att vi ska sträva efter lycka. Det står klart."

Dalai Lama

Många vill uppnå en förändring som innebär att de ska må bättre och bli lyckligare. Omvänt fungerar det också så att när vi mår bättre har vi lättare att lyckas med de förändringar vi vill åstadkomma, t ex att förändra en vana vi har eller påbörja projektet med att göra om trädgården.

Vi blir också bättre på att hantera förändringar i våra liv om vi mår bra. För att ta oss igenom en jobbig förändring vi möts av och påskynda att vi tar oss igenom reaktions- och bearbetningsfaserna, så att vi kan komma vidare i våra liv, vill vi ofta öka känslan av välbefinnande.

Att må bättre kan kanske vara enklare än vi tror. Lycka är en färdighet som faktiskt verkar gå att träna upp. Forskning har visat att fysisk motion i vissa fall ger en likartad effekt som behandlingar mot depression. Motion kan också förstärka effekten av medicin mot depression. Anledningen är att både behandlingar mot depression och motion påverkar nybildningen av hjärnceller. Mest framträdande är denna nybildning i hippocampus, mitt i storhjärnan. Verksamheten i hippocampus påverkar minnet, men även känslolivet. När denna del stimuleras både minns vi bättre och mår bättre. Vid depression eller långvarig stress är emellertid celldelningen i hjärnan störd och nybildningen av celler hämmas.

De nybildade hjärncellerna behöver också få hjälp att överleva. Hittar inte de nya cellerna på något att göra dör de. Genom att vistas i en stimulerande miljö där hjärnan får utmaningar hjälper vi hjärnan att upprätthålla nybildningen av celler.

Motion stimulerar också kroppens tillverkning av endorfiner, serotonin och andra hormoner som skapar en känsla av välbefinnande. Dessa ämnen minskar upplevelsen av smärta, ger en känsla av lugn, dämpar aggressioner och ångest.

Det finns många anledningar till att man inte mår så bra, och att bara säga att man ska motionera bort sina problem kan vara allt för förenklat. Det kan finnas en grundorsak som behöver hanteras. Så det är inte så enkelt att det alltid går att ge generella råd för att komma ur t ex en depression. Men det är ändå relevant att titta på några allmänna metoder som visat sig fungera och som bidrar till att vi mår bättre och bryter negativa känslomönster.

Någon som påstår sig ha tips för att få deprimerade människor att så snabbt som inom ett dygn börja känna sig bättre är Joe Griffin på Mindsfields college. Han har ett antal allmängiltiga råd som också stöds av forskning. Dessa är:

- Någon form av fysisk motion.
- Undvika stress.
- Öka mängden positiva aktiviteter, som man själv uppskattar. (Även om det är i mindre grad än innan depressionen.)
- Lämna orons onda cirkel. Fokusera på något påtagligt i omgivningen, här och nu, istället för att oroa sig.

Genom att följa de här punkterna påstår Joe Griffin att en djup depression kan vara bruten på en vecka.

En annan metod som fokuserar på att mer långsiktig stärka individens förmåga att hantera tillvaron och ta sig ur en depression, och som också gett mycket goda resultat vid studier, är så kallad beteendeaktivering. Metoden har visat sig effektiv och som en bra och biverkningsfri ersättning för antidepressiva läkemedel i vissa fall. Metoden går ut på att steg för steg bete sig som om man var frisk. Metodens olika steg kan enkelt illustreras enligt följande:

1. Tänk över vad som är ett meningsfullt liv för dig. Hur du vill leva ditt liv vad gäller nära relationer, karriär, fridsintressen med mera? I vilken utsträckning överensstämmer det med det liv du lever idag?

2. Funderar över vilka förändringar du behöver göra för att ditt liv ska vara mer meningsfullt för dig, utifrån det du kom fram till under punkt 1.

3. Ta små steg och öka gradvis den mängd saker du gör för att nå fram till det som du kommit fram till under punkt 1.

4. Planera in i detalj och dag för dag olika aktiviteter, såväl lustfyllda som mer kravfyllda, som leder mot de livsmål du har satt upp under punkt 1.

5. Stora uppgifter delar du upp i mindre steg. Stora uppgifter som verkar besvärliga och tunga i ditt liv, och som sålunda är svåra att motivera sig för, betar du på det sättet av i en jämn takt.

Slutsatsen är att det är mycket vi praktiskt kan göra för att må bättre, och forskningen visar vad vi borde fokusera på. Hur vi tänker och vårt förhållningssätt är viktiga komponenter. Metoden för beteendeaktivering för att må bättre ger även ledtrådar för hur vi ska arbeta för att stödja andra förändringar och nå andra mål. Och naturligtvis, även om det kanske inte ens behöver sägas, så är realistiska mål viktiga. För om vi har allt för högt ställda förväntningar kan vi lätt få mål som är så högt flygande att de inte blir genomförbara, och då är det lätt att falla tillbaka i gamla mönster igen. Vi måste ibland fundera över våra förväntningar innan vi gör något annat.

7

Att kunna tänka nytt

"Det krävs ett helt nytt sätt att tänka för att lösa de problem vi skapat med det gamla sättet att tänka."

Albert Einstein

För att skapa förändring och nå våra mål betyder det många gånger att vi behöver kunna tänka ut nya lösningar. Ett finare ord för att kunna tänka nytt är att vara kreativ. Kreativitet är en eftertraktad förmåga för att komma på lösningar på problem, nya affärsidéer, nya produkter och nya sätt till marknadsföring. Det finns till och med en särskild kreativitetsforskning.

Hjärnans önskan att skapa mönster och generalisera kan göra det oerhört svårt att tänka nytt och komma ur gamla tankebanor. Det här är ett faktum som används praktisk vid bland annat djurdressyr. Ett exempel är elefanttränaren som för att lära en elefant att inte rymma kedjar fast elefantungen vid en stor stock. Med tiden lär sig elefanten att det inte är någon idé att försöka rymma. Fast elefanten nu har växt sig stor och stark behöver tränaren bara fästa elefantens kedja vid något litet, som en kvist, för att hindra elefanten från att gå sin väg.

Vilka tankespår har du fastnat i som hindrar dig i ditt liv, men som du kanske inte ens reflekterat över tidigare?

Det som är bra är att det går att lära sig att bryta invanda tankemönster. Edward de Bono kan sägas vara en pionjär inom begreppet lateralt tänkande.

Med lateralt tänkande menas att tänka på tvärs, eller i sidled, för att hitta nya idéer eller lösningar. Det innebär att sammanställa information som oftast inte sätts samman och tänka otraditionellt. Enligt Edward de Bono handlar kreativitet om förmågan att se på ett problem på nya sätt och finna alternativa sätt att lösa det. Genom att öva sig på lateralt tänkande, dvs kombinera olika företeelser eller göra tvärtom mot vad man brukar, blir man mer van vid att hitta nya ovanliga lösningar.

Ett exempel där det traditionella tänkandet är begränsat och det ställs krav på ett mer kreativt är det kända tankenötspusslet där nio stycken prickar är ordnade kvadratiskt. Uppgiften är att binda samman dessa prickar med fyra räta sammanhängande streck utan att lyfta pennan från papperet.

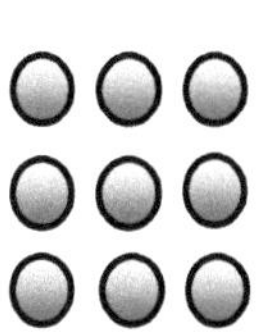
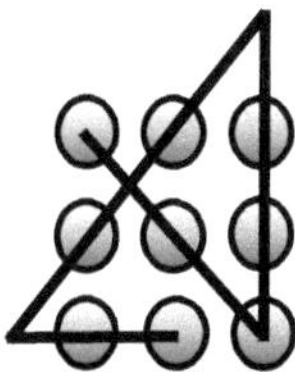

Tankenöt med lösning: Nio prickar ska bindas samman med fyra sammanhängande streck utan att pennan lyfts från papperet.

Nästan alla som försöker lösa det här problemet första gången faller i fällan att anta att lösningen finns inom kvadraten. Lösningen är att låta ett antal streck gå utanför kvadraten. Detta är svårt för det innebär ett ovanligt sätt att lösa den här typen av problem på. Prova gärna på någon i din omgivning som inte gjort övningen tidigare så får du se hur snabbt de löser problemet. Vill man höja svårighetsgraden kan man också rita en ruta runt prickarna.

Det finns en hel del myter kring kreativitet. Många av dessa stöds inte av forskningen. En av dessa är att kreativitet gynnas av tidspress. Det finns ibland föreställningar om att kreativitet ska komma snabbt och att människor som ofta är kreativa ska komma på bra idéer ögonblickligen. Men kreativitet är i regel en process. Goda idéer tar alltså tid.

En annan myt som är ganska etablerad är att kreativiteten finns i höger hjärnhalva. Forskningen visar att vi använder både höger och vänster hjärnhalva när vi är kreativa. Kreativitet handlar om hur vi hanterar kopplingarna mellan olika delar i hjärnan. En del av de här idéerna om att höger hjärnhalva har hand om kreativiteten bygger på det faktum att höger hjärnhalva är mer specialiserad på visualisering, abstrakt tänkande och fantasi. Att de här egenskaperna är viktiga för kreativiteten har understötts genom att bland annat forskaren Sandra F Witelson som studerat Albert Einsteins hjärna kommit fram till att han hade en överutvecklad hjässlob, som är involverad i det visuella och rumsliga tänkandet. Einstein berättade själv att han visualiserade sina resultat snarare än språkligt tänkte fram dem. Det sägs också att Albert Einstein kom på relativitetsteorin genom sin tidiga fantasi att rida på en solstråle. Han lät alltså fantasin utgöra grunden för att kunna tänka annorlunda och därmed komma på ny kunskap. Så även om det inte är en fullständig myt att kreativiteten finns i höger hjärnhalva är det i alla fall en sanning som kräver modifikation.

När vi då är inne på Einstein kan följande citat också passa på att nämnas, som sägs komma från Albert Einstein, och som illustrerar hans syn på kreativitetens betydelse:

"Det verkliga tecknet på intelligens är inte kunskap utan det är fantasi."

Ytterligare en annan myt om kreativitet är att kreativa människor är sociala. Det finns inget stöd för en sådan teori. Emellertid finns det forskning som visar att större välbefinnande leder till större kreativitet.

Sammanfattningsvis kan vi fundera på om de svåröverkomliga hinder vi upplever för att uppnå ett visst mål verkligen är så svåra att övervinna. Men hur ska vi då göra för att underlätta att vi kommer ur gamla tankespår och kommer på nya lösningar och idéer? Svaret är alltså att vi måste öva oss på att tänka på nya sätt och försöka se saker ur olika perspektiv.

Att våga låta olika idéer få komma fram utan att börja med att avfärda dem direkt är ett sätt att få igång kreativiteten. Det är också det som är utgångspunkten för så kallad brainstorming, som är en teknik för att försöka komma på olika idéer. Inom brainstorming låter man en grupp få föreslå så många olika idéer eller lösningar på ett problem som möjligt. Inga idéer får avfärdas inledningsvis. I den här tekniken är det centralt att inte börja kritisera eller avfärda olika idéer från början då det hämmar kreativiteten. Dessutom kan olika idéer generera nya idéer som inte skulle kommit fram om de första hade avfärdats från start. Sedan först när idéerna börjar ta slut går man igenom de förslag som kommit upp och väljer ut de som verkar bäst och lämpligast att arbeta vidare med.

För att en brainstormingsövning ska fungerar så bra som möjligt är det viktigt att deltagarna känner sig trygga med varandra så att alla vågar lägga fram sina idéer, och inte blir rädda att andra tycker de är tokiga eller dåliga. Forskning visar också att vi påverkas av varandra vid sådana här övningar, och det är positivt då vi på det sättet hjälper varandra att komma på nya idéer som vi kanske inte kommit på annars – vilket är syftet med övningen. Men påverkan kan ibland göra att de idéer som vi kommer på i grupp kan komma att ligga väldig nära varandra. Därför kan det vara bra om gruppmedlemmarna innan övningen också har fått suttit för sig själva och försöka komma på bra idéer. De idéer som de olika medlemmarna då tänkt ut på egen hand tar de sedan med sig in till mötet.

Att använda fantasin, göra saker annorlunda än hur vi vanligtvis gör dem och ständigt lära sig nya saker är metoder som också brukar uppmuntras för att utveckla förmågan att kunna tänka nytt. Att försöka må så bra som möjligt och inte stressa fram nya idéer allt för fort gynnar även det kreativiteten.

I det här sammanhanget kan det kanske också nämnas att det finns forskning som stödjer påståendet att ständigt lära sig nya saker är ett bra preventivmedel mot senil demens, då det utvecklar och håller hjärnan aktiv. Om att ständigt lära sig nya saker är bra medel mot hjärnans förfall borde man kunna anta att alla de metoder som stödjer kreativt tänkande är uppbyggliga för hjärnan.

8

Tankens makt

"Tron kan försätta berg."
Apostlagärningarna

Förändringar börjar ofta i vår föreställningsvärld, och den är viktigare än vi ibland tror. Det finns otaliga exempel på hur vår föreställningsvärld påverkar vår prestation.

Ett exempel är ett sociologiskt experiment på stridspiloter. Två grupper som har presterat lika bra på olika tester får två olika besked. Den första gruppen presenteras för falska resultat som anger att de har presterat undermåligt. Den andra gruppen får också falska resultat som säger att de har presterat exceptionellt bra. Successivt kommer de här två grupperna att prestera oerhört olika därefter. Den grupp som fått veta att de presterat bättre än de egentligen gjort kommer att prestera allt bättre, och den grupp som fått veta att de presterat sämre än de egentligen gjort kommer att prestera sämre.

Personer, såsom Claude M Steel, som forskat om effekterna av hur vi påverkas av stereotypa uppfattningar har också kommit fram till att satsningar på att hjälpa svaga grupper ibland kan få motsatt effekt. Anledningarna är samma som för stridspiloterna, vår föreställningsvärld har stor betydelse. Om ett universitet till exempel vill ha fler kvinnliga matematikstudenter och satsar på att ge extra hjälp och stöd till kvinnor kan det förstärka stereotypen - om kvinnor behöver hjälp måste de ju vara sämre. Då är det mycket effektivare att ge extra stöd till alla.

En viktig slutsats från det här är att hur du själv och andra ser på dig har en stor effekt på dina prestationsmöjligheter, och hur du ser på andra har effekt på deras förmåga. Att bekräfta det positiva i våra liv och det vi åstadkommer stärker oss själva och våra prestationer. Varje gång du vill förbättra ditt eget eller någon annans resultat, eller förstärka ett beteende, tänkt på försöket med stridspiloterna. Du behöver inte ljuga om någons prestation, men visa på det positiva och visa tro på förmågan att åstadkomma det som önskas.

Följdfrågan blir om det också finns några etablerade konkreta tekniker som man kan använda sig av, om man vill förbättra en prestation genom att påverka föreställningsvärlden? Svaret är att det finns olika tekniker för att förstärka känslor och tankar som underlättar det vi vill åstadkomma. En vanlig typ av övningar som många använder sig av, för att förstärka en känsla eller ett önskat beteende, är positiva affirmationer. Ordet affirmation betyder bekräftelse.

Allt vi tänker och säger har en positiv eller negativ affirmation. En affirmation kan antingen vara en medveten eller en omedveten programmering av hjärnan. Genom att programmera hjärnan med information påverkar du dess agerande. Hjärnan tar emot all information den får, och eftersom hjärnan inte vet vad som är sant eller falskt så agerar den efter det som den blir programmerad med. Matar vi den ständigt med negativ information som att vi har ont i ryggen, jobbet är eländigt, barnen är besvärliga, vad ful jag är, vad jag är dum, jag klarar inte av mitt jobb etc då agerar hjärnan som att det är en sanning. Det vi programmerar oss med tenderar att bli självuppfyllande profetior. Tanken med positiva affirmationer är alltså att programmera hjärnan med positiva och konstruktiva påståenden och tankemönster.

Tekniken att jobba med affirmationer kan enkelt sägas vara ett påstående som formuleras medvetet, och som upprepas tills det är fast förankrat i det undermedvetna.

Hur ska då affirmationerna vara upplagda för att fungera så bra som möjligt? Det ska vara korta exakta affirmationer. De ska vara formulerade i nutid som om de redan vore sanna. En affirmation ska aldrig innehålla negationer, t ex ord som inte eller aldrig. Hjärnan har svårt att hantera negationer och bortser lätt från dem, varvid de får en motsatt effekt. Använd därför inte:

- Jag skall *inte* stressa upp mig när jag talar med min chef.
  Använd istället: Jag har en glad och avslappnad relation till min chef.

- Denna gång skall jag *inte* misslyckas.
  Använda istället: Jag gör strukturerade presentationer som uppskattas av åhörarna.

De meningar man formulerar säger man till sig själv, tänker, läser och/eller skriver. Du kan uttala dem högt eller säga dem tyst för dig själv under dagen, när du tränar eller utför rutinsysslor. Du kan också spela in dem och lyssna av dem. Att visualisera sina positiva affirmationer är effektivt. Antingen tänker du dem i ditt huvud eller så ritar du dem på ett papper. Även om du inte tycker att påståendet stämmer för hur det är idag så låter du det vara fokus för din inre målbild.

Affirmationer är inte något som man använder för att förtränga egentliga känslor, såsom "Nu är jag glad", om man känner sig deppig efter någon tråkig händelse. De bör vara konstruktiva och realistiska. Använd t ex istället: "Jag accepterar det som hänt, drar lärdom av det och fokuserar på det som är positivt i min tillvaro." Det effektivaste är att använda positiva affirmationer under någon form av avslappning. Precis som med minnet är nyckelordet för att få effekt av affirmationer upprepning. Ju fler gånger vi upprepar en affirmation desto tydligare blir programmeringen i hjärnan. Om vi under en längre tid har matat hjärnan med negativa tankar om något kräver det också en längre tid av "omprogrammering".

Vill man få ytterligare effekt ska man inte bara nöja sig med att upprepa ord och händelser för sig själv, utan hela vårt agerande påverkar. Vill du exempelvis få en bättre självkänsla eller ett bättre självförtroende ska du inte gå och vänta på att känslan ska komma. Agera som om du redan hade det självförtroende du vill ha. Använd hela ditt kroppsspråk och ditt beteende. Kropp och tanke påverkar varandra. Känner vi oss deppiga och har låg självkänsla kommer det att synas i kroppen genom att vi kryper ihop och vårt tonläge påverkas. Det omvända gäller också. Som vi agerar med kroppen så påverkas våra känslor och tankar. Även om vi inte känner oss på humör kan vi lura oss till må-brakänslor om vi tvingar till oss ett leende eller ett skratt. Hjärnan reagerar på musklernas rörelser och frigör bland annat endorfiner som gör att vi känner oss lugnare och mår bättre. Dessutom kommer andra människor att bemöta dig utifrån ditt beteende, och vi påverkas av andras bild av oss själva. Verkar vi glada är det lättare för andra att öppna upp sig och börja prata med oss. Verkar vi tysta och nedstämda kanske andra undviker att störa oss genom att prata med oss. Därmed blir också vårt beteende som en självuppfyllande profetia.

Uppmaningen till dem som vill förändra sitt beteende och liv brukar vara att agera som om det du önskar dig skulle inträffa reda är sant, gå inte bara och vänta på att det ska hända. Vill du bli en framgångsrik konstnär, gå inte och vänta på inspirationen – anmäl dig till konstkursen, skaffa dig staffli, tavlor och färg och låtsas att du är en erkänd konstnär. Tänk på vad du säger till dig själv och andra påverkar hjärnans programmering, och därmed din och andras sinnesstämning och förmåga!

När man talar om tankens märkliga krafter blir det omöjligt att inte tänka på placeboeffekter. Placeboeffekter är när man inbillar sig att något har en effekt, och därigenom får det effekt. Den vanligaste formen av placebo är patienter som får ett verkningslöst blindpreparat som liknar vanlig medicin istället för den riktiga medicinen. Eftersom patienten tror att den får riktig medicin har den verkningslösa medicinen ändå en viss effekt på den sjukdom som patienten tror att medicinen är tänkt att bota eller lindra.

De flesta vanliga mediciner som vi använder idag har via läkemedelsstudier visat sig ha en placeboeffekt på i genomsnitt 30 procent. Placeboeffekten är störst där patientens upplevelse är en stor del av sjukdomen, som vid kroniska smärttillstånd och depression. Men vid vissa väl definierade sjukdomstillstånd är placeboeffekten obefintlig. Hit hör exempelvis diabetes, och effekten vid allvarliga sjukdomar som cancer är ytterst diskutabel. Det intressanta är att studier visar att placeboeffekten ofta är större desto svårare det är att ta medicinen. Ett stort piller får större verkan än ett mindre, och en spruta är effektivare än ett piller. Det finns även skillnader utifrån medicinens färg. Olika färger på tabletterna har visat sig ge olika placeboeffekter beroende på vad det är för typ av medicin.

Besläktat med det här fenomenet finns det en behandlingsmetod där cancerpatienter följer ett visst tankeschema och får föreställa sig hur kroppen tillverkar vita blodkroppar. Otroligt nog har det visat sig att det här ökar antalet vita blodkroppar. Detta innebär att genom den medvetna tanken kan människan påverka delar av kroppen som i huvudsak anses opåverkbart av viljan. Det har även visat sig att de flesta människor bara genom att förställa sig att de har ena handen i mycket kallt vatten och andra i mycket varmt vatten kan skapa upp till ett par graders skillnad mellan händerna.

Ibland brukar det dyka upp tidningsartiklar om personer som haft obotlig cancer, men bestämt sig för att inte duka under av sjukdomen, och som har skaffat sig någon egen hemgjord kur såsom att äta apelsiner och se på komedier. Sedan när de har återkommit efter några månader till sin läkare har cancern försvunnit eller minskat i omfattning. Detta är kanske sanna historier, kanske inte, men med tanke på vad vi faktiskt vet leder tanken lätt till ordspråket: "ingen rök utan eld". Det finns kopplingar mellan hur vi tänker och olika kroppsliga funktioner. Exakt hur det fungerar har man idag inte så mycket kunskap om. Att vi genom avslappningsövningar kan sänka adrenalinnivåerna i kroppen och därmed minska blodtrycket är dock uppenbart. Tanken har alltså kraft. Jag vet inte om det mest är likt gammal trolldom eller Star Wars, men viktigt för hälsan är alltså våra tankar om den. Tankens kraft kan gå åt det negativa hållet också. Det har bland annat visat sig att depression och nedstämdhet påverkar immunförsvaret negativt. Så ge akt på vad du känner och hur du tänker.

9

Att förändra det förflutna

"Det förflutna är det du kommer ihåg, tror att du kommer ihåg, övertygar dig själv om att du kommer ihåg eller det du låtsas att du kommer ihåg."

Harold Pinter

När vi talar om förändringar tänker vi oftast på framtiden. Men ibland önskar vi att vi kunde ändra det förflutna. Uppfattningen om vad som har hänt färgar även vår bild av nutiden och vår uppfattning om hur vi kan förändra framtiden. Till exempel om vi minns framgångar i det förflutna kan vi använda oss av dem för att stärka oss inför andra prestationer. Det man då undrar över är om det förflutna kan ändras?

Tittar vi på historien ser vi att det förflutna ständigt ändras. Men det är inte de faktiska händelserna i sig som ändras, utan det är vår uppfattning om vad som hänt som ändras. Efter ett krig dikterar den vinnande stormakten historiebeskrivningen, och den för tillfället rådande moraliska och ideologiska uppfattningen i ett samhälle påverkar synen på historien. Genom att vi lär oss mer förändras också beskrivningen av olika historiska händelser.

Men även vårt direkta konkreta minne av något som har hänt kan förändras, vilket beror på hjärnans förmåga att ta in information.

Hjärnan får så mycket information att den har svårt att hantera all denna information. Ett exempel på det är synens uppbyggnad. Forskare har upptäckt att en del av informationen som ges för att skapa det slutliga synintrycket även kommer från de delar av hjärnan som arbetar med fantasin och minnet. Förklaringen som ges till detta är att det är så mycket information som går åt för att beskriva en bild att det går snabbare att bara uppdatera den information som verkar förändras, än att ta in hela bilden på nytt och bearbeta all information igen. Därmed utnyttjas hjärnans minne. När det gäller fantasin är teorin att hjärnan, för att inte behöva ta in all information, fyller ut bilden med hur den troligtvis borde se ut utifrån övrig information. Detta ger oerhörda effektivitetsvinster.

Att synintrycken blandas med hjärnans minne och fantasi medför att synintrycken från till exempel ögonvittnesskildringar blir osäkra. Dessutom kan synintrycken manipuleras. Ett exempel när hjärnan blandar ihop saker var i samband med spaningen efter Oklahomabombaren Timothy McVeigh år 1995. En bilmekaniker från verkstaden där McVeigh hade hyrt bombbilen mindes tydligt att han hade sett McVeigh tillsammans med en annan man. Det visade sig senare att den man som mekanikern mindes hade besökt verkstaden dagen efter McVeigh. Mekanikern hade blandat ihop två olika händelser och därmed skapat ett falskt minne.

Även forskare har vid experiment lyckats skapa falska minnen. Professor Elizabeth Loftus vid University of California har vid en rad försök lyckats framkalla detaljerade minnen av personliga upplevelser hos flera försökspersoner trots att händelserna aldrig skett i verkligheten. Bland annat har hon lyckats få folk att tro att de skakat hand med Snurre Sprätt på Disneyland den gången när de själva varit på besök där. Eftersom Snurre Sprätt är en figur skapad av Disneys konkurrent Warner Brothers är det ganska lätt att konstatera att det är ett falskt minne. En rad olika försök genomfördes, och beroende på graden av påverkan på testpersonerna ledde det till att 16 till 35 procent kunde minnas att de hade mött Snurre Sprätt på Disneyland.

Hur kommer det sig att minnesfel kan uppkomma? Är det en dåligt uppbyggd hjärna? Nja, forskarna har kommit fram till att vi minns kreativt och oprecist och att det faktiskt kan ha ett syfte. De delar av hjärnan som används när vi föreställer oss framtiden är i mångt och mycket samma delar av hjärnan som används när vi minns. Kopplingen skulle vara att vi använder minnet för att förutse framtiden. När vi minns de där bären som man mådde dåligt av undviker man att äta dem nästa gång. Men eftersom framtiden aldrig är en exakt kopia av det förflutna är det viktigt för hjärnan att på nya sätt kunna sätta samman delar från olika erfarenheter och minnas generella regler och principer, istället för att gå runt med huvudet fullt av detaljer som vi inte kan använda. På så sätt kan vi föreställa oss saker som aldrig tidigare har skett och förutsäga nya okända situationer.

Det här ökar vår överlevnadsförmåga i en föränderlig värld. Så minnet kanske inte fungerar dåligt på grund av att det är dåligt konstruerat. Småfel i minnet är priset för ett flexibelt minne som kan användas för att förutsäga framtida händelser.

Att vi minns oprecist innebär också att vad vi fokuserar på i en händelse i det förflutna färgar vår syn på hela händelsen. Hur vi ser på det förflutna kan sedan påverka vår syn på nuet och framtiden.

För att förstå hur det här kan påverka i vardagen är det bara att föreställa dig vilket svar du får på frågan hur någon tyckte att en viss semestervistelse var, om du först börjar påminna personen i fråga om den där dagen på semestern när det regnade och familjen grälade, eller den där soliga och mysiga dagen vid stranden. Var semestern överlag dålig kan det vara lätt att glömma bort den där härliga dagen. Men påminns man om den kan den påverka minnet av hela resan – så att semestern åtminstone blev halvbra och inte bara eländig. Var semestern halvbra istället för bara eländig känner man sig kanske mer utvilad efter semestern och det blir roligare att planera nästa semesterresa.

Att också känna till att en beskrivning av vad som har hänt kan vara felaktig ökar vår förmåga att ifrågasätta. För oftast är det den verkliga bilden av vad som hänt som leder fram till de mest gynnsamma förändringarna.

Ibland minns vi inte heller viktiga dimensioner av det som hänt, men som är betydelsefulla för hur vi upplever och hanterar nuet och framtiden. De här dimensionerna kan vara viktiga att lyfta fram.

78

10

Förändring och gruppdynamik

Att förstå hur en förändring kan åstadkommas hos en individ kan sällan förstås enbart utifrån den enskilda individen, utan all förändring måste sättas in i personens sociala sammanhang. Det är till exempel svårt att vara glad och kreativ i vissa miljöer och lättare i andra. Vårt humör och beteende påverkas av andra.

Det finns många experiment som visar på hur starkt trycket från en grupp kan vara. Ett känt experiment genomfördes av Solomon E Asch redan första gången på 1950-talet. Experimentet sades handla om förmågan att avgöra om två ritade linjer var lika långa eller inte. Det egentliga syftet var att avgöra hur benägna vi är att avvika från andra personers uppfattningar. Följden från experimentet var att i 75 procent av fallen svarade testpersonerna likadant som övriga i gruppen, oavsett om det uppenbarligen var fel svar eller inte.

Inom marknadsföringen används de här kunskaperna om hur vi påverkas av andra frekvent. Genom att i marknadsföringen beskriva en vara som den bäst säljande produkten, eller den snabbast ökade använda produkten, vill marknadsförarna låta påskina att andra använder produkten. Och det har visat sig att den typen av marknadsföring är effektivare än där man enbart försöker beskriva produktens fördelar. Endast en liten andel av oss är initiativtagare, och resten av oss gör helst som andra. Vill man övertyga en grupp gäller det oftast att influera de viktigaste personerna först så att de i sin tur påverkar övriga.

Även inom terapin används kunskaperna om hur vi följer andras exempel. Genom att låta barn som har fobier för till exempel hundar se andra barn umgås med hundar har de många gånger mycket snart lärt sig att inte vara rädda för hundar. Exemplet från andra har alltså stor inverkan även på starka känslor. Det är inte bara positiva känslor som kan överföras. Om föräldrarna har fobier för spindlar kommer barnen med stor sannolikhet att få det. I naturen är det naturligt att barnen tar efter sina föräldrar. Det är nödvändigt för överlevnaden att barnen lär sig skilja mellan det som är ofarligt och farligt, och de gör det genom att studera sina föräldrar. Men eftersom vi känner till det här fenomenet kan vi också påverka effekten av det. Vill vi inte att barnen ska få vår flygrädsla bör vi undvika att visa oss rädda när vi är ute och flyger med barnen.

Det sociala trycket kan också ta sig destruktiva uttryck i form av mobbning eller rasism. Genom att någon upplevs mer avvikande finns det något som gör att de andra är mer lika i gruppen, och det skapar en form av samhörighet. Genom att förstärka skillnaden gentemot andra kan gruppen i sig etablera en större känsla av gemenskap. Det här kan ske i alla grupper oavsett storlek eller syfte. Genom att utmåla andra som dåliga eller sämre kan en chef på ett enkelt sätt skapa en sammansvetsad arbetsgrupp. Det här kan emellertid lätt leda till onödiga konflikter inom en grupp eller mellan grupper. En enhet som hålls samman på det här sättet kan också få samarbetsproblem med andra enheter, vilket inte gynnar den större organisationen.

Det är ofta en dåligt fungerande gruppdynamik som gör att förändringar på till exempel en arbetsplats är svåra att genomföra. Genom att vi gör som alla andra kan nya idéer och tankar få svårt att komma fram och ta plats. Eller på grund av dåligt fungerande samarbete kan inte gruppen koordinera sina insatser effektivt. Det kan också finnas personer som motarbetar gruppens gemensamma ansträngningar. Det är först när gruppen fungerar väl som den kan lösa problem effektivt. Det är också när gruppen fungerar väl som risken för destruktivt grupptryck är mindre.

Vad är det då som gör att samarbetet fungerar bra? Någon som försökt svara på dessa frågor är bland annat Robert Putnam, professor vid Harvard University. Han har upptäckt att där det finns mycket förtroende fungerar samarbetet bättre. Hur uppstår då förtroende? Svaret han kommer fram till är att där människor är med i olika samarbetsformer och gör det ofta, där lär man sig den långsiktiga nyttan med att samarbeta – och framförallt skapas det sociala normer om att det är bra att samarbeta, och hur samarbete ska gå till. Samarbete är alltså en kultur som måste odlas.

Putnam kommer dessutom fram till att samarbete underlättas om man är mer jämlika med varandra. Där det finns ens stark hierarkisk ordning frodas inte samarbete på samma sätt. I en hierarkisk ordning är det en som befaller och en som utför. Momentet av samarbete finns inte på samma sätt.

Det här innebär också att det finns strukturer som bättre underlättar samarbete.

För att också förstå hur samarbetet utvecklas mer konkret i en grupp finns det en modell som beskriver detta, den så kallade FIRO-modellen (Fundamental Interpersonal Relations Orientation). Det är en sociologisk modell som används i olika former av ledarskapsträning. Genom att förstå en grupps utvecklingsstadier kan du lättare ta gruppen igenom dem och fram till ett mer effektiv samarbete. Modellen är bland annat utgångspunkt för svenska försvarets UGL-utbildningar. UGL står för Utveckling av Grupp och Ledare. UGL har i sin tur utvecklats från det amerikanska försvarets Leadership and Management Development Course (LMDC). Utvecklandet av metoderna bakom kommer bland annat från att många amerikanska officerare i Vietnam blev skjutna bakifrån av sina egna soldater. I grupperna hade inte soldaterna tillräckligt med förtroende för officerarna.

FIRO-modellen utgår från tre olika stadier som en grupp går igenom. Det första stadiet som kännetecknar en ny grupp är att alla är osäkra på varandra. Effektiviteten i gruppen är låg då man är rädd för att stöta sig med varandra och därmed har svårt ta initiativ. Man brukar ibland tala om tillhörandefasen då individens fokus främst ligger i att bli accepterad och få tillhöra gruppen.

Det andra stadiet kännetecknas av konflikter i gruppen. Vid det här laget har gruppen lärt känna varandra bättre och roller och rangordning börjar etableras. Men eftersom dessa roller inte är klara, tydliga och accepterade skapas konflikter. Det här stadiet kännetecknas av ineffektivitet eftersom det inte är bestämt vem som ska göra vad, och man kanske opponerar sig mot tilldelade uppgifter eller sin och andras roller.

Det tredje stadiet, som är det eftersträvansvärda, är att gruppen har hittat sina roller. Det här stadiet kännetecknas av att gruppen är harmonisk och att gruppen samarbetar effektivt.

Det här är stadier som alla grupper genomgår. När en grupp förändras genom att en ny deltagare kommer in i bilden måste gruppen gå igenom de här stadierna igen, i större eller mindre utsträckning. Genom att förstå de här stadierna ges en förståelse för vad som händer i gruppen.

Många grupper fastnar ofta i fas 1 eller fas 2. Ett bra sätt att få en grupp till det tredje stadiet är helt enkelt att utsätta den för mindre gemensamma arbetsuppgifter som inte är särskilt känslomässigt infekterade eller särskilt krävande. På så sätt bygger gruppen upp tydliga roller, kunskap om varandra och förtroende. Det viktiga är att uppgifterna är gemensamma, och att alla deltar i de gemensamma uppgifterna. Att individerna blir vana att ge varandra positiv feedback förstärker också deras förmåga att samarbeta i grupp. Där individerna känner sig trygga, känner förtroende för varandra och kan avvika från gruppens uppfattning utan att det leder till för stora konsekvenser - där fungerar grupper som bäst. Forskning har också visat att mänskliggöra individer, dvs att vi sätter oss in i deras liv och känslor, underlättar relationer och försvårar negativa handlingar i form av t ex mobbning.

Fas 2: Rollsökning och konflikt

Ovan: Illustration av FIRO-modellens tre faser

Konkurrens kan försvåra samarbetet både inom en grupp och mellan grupper. På sommarläger t ex har man upptäckt att det lätt bildas olika gruppkonstellationer. Barnen som bor i den ena baracken kanske får heta lag blå, och de i den andra baracken får heta lag röd. Om de här olika lagen också sedan får tävla med varandra i fotboll med mera förstärker det successivt konkurrensen. När slutet av sommaren närmar sig kanske rivaliteten är så stor att de båda lagen inte ens kan åka i samma buss utan att bråk utbryter.

För att bryta det här mönstret av rivalitet kanske ledarna för sommarlägret ordnar gemensamma aktiviteter för de båda lagen. Tanken som de har är att om barnen från de båda lagen får umgås så kommer de lära känna varandra och blir vänner. Förmodligen kommer de att upptäcka att det inte lyckades fullt ut. Genom den psykologiska principen att det vi exponeras för upprepade gånger kommer vi att gilla bättre, gör det att de båda lagen kanske kommer att kunna samsas i samma lokal. Men barnen umgås förmodligen inte mera över "laggränserna" för det eftersom tävlingsmomentet finns kvar.

Att bara lära känna varandra räcker alltså inte för att integrera lagen med varandra. Men om man istället låter de båda lagen gemensamt lösa problem där de måste samarbeta för att klara uppgiften lär sig barnen att samarbeta, och till och med uppskatta varandra och bli kompisar över laggränserna. Det här fenomenet har man bland annat lärt sig inom skolan. Där uppstår lätt konkurrens. Men om man ger barnen i en klass uppgifter som kräver att de samarbetar kan integrationen av elever med olika bakgrund underlättas.

Den här kunskapen om gruppdynamik kan användas i olika sammanhang. Tittar man t ex på dokusåpor på tv ser man att grupperna som deltar i dessa ofta hålls i stadium två. Det är naturligtvis mer intressant för tittarna att se på en grupp där roller och hierarkier etableras, och där konflikter råder, än att se på en grupp som fungerar effektivt och i god samverkan. Genom att grupperna ständigt förändras och nya deltagare röstas in och gamla bort upprätthålls gruppens osäkerhet, samtidigt som tävlingsmomentet är ständigt närvarande. En grupp som befinner sig i fas två, dvs rollsökningsfasen, har också större sannolikhet för att mobbning förekommer. Genom att förstå hur osäkra grupper fungerar och ta gruppen fram till en mer tillitsfull situation kan det underlätta att mobbningen minskar.

En eventuell ledares roll i en grupp är också viktig. Manipulerande ledare, eller ledare som bidrar till att skapa sociala spänningar, försvårar för gruppen.

Generellt har forskning visat att auktoritära ledare där ledaren ensam fattar alla viktiga beslut och tar allt ansvar gör att gruppen fungerar mindre bra. Även så kallade låt-gå-ledare, som egentligen inte tar någon ledarroll, bidrar till att gruppen fungerar sämre. Det blir lite av djungelns lag i gruppen. Det finns en formell ledare som undviker att ta beslut och inte reagerar på överträdelser, och de för tillfället starkaste i gruppen dominerar. Det ledarskap som visat sig ge bäst fungerande grupper är det demokratiska ledarskapet. Det demokratiskt ledarskap innebär kortfattat att ledaren lyfter in gruppmedlemmarnas åsikter i hög grad innan beslut fattas. Det betyder också en hel del delegering och ansvarsfördelning i till exempel en arbetsgrupp.

Vi kan alltså konstatera att en god gruppdynamik skapar bättre förutsättningar för positiva förändringar, medan en dålig gruppdynamik skapar sämre förutsättningar. Samtidigt måste vi vara medvetna om att dynamiken i en grupp är något som vi hela tiden behöver arbeta med eftersom gruppen ständigt är utsatt för förändringar av olika slag. Vilka verktyg vi behöver för att åstadkomma goda och väl fungerande grupper vet forskningen ganska väl, men vi använder den kunskapen dåligt i vardagen på många ställen.

11

Förändringar i komplexa system

I förra kapitlet konstaterades betydelsen av den sociala miljön som förändringar sker inom. Vissa förändringar kan också vara svåra att åstadkomma om man inte förstår händelserna utifrån hela det sammanhang, dvs system, de befinner sig i. För att förstå det här är det nästan enklast att börja i fysiken. Att allting förändras på något sätt, det är säkert. Inom naturvetenskapen finns det även ett särskilt namn för det – entropi.

Lagen om entropi säger att allt strävar mot utjämning, eller oordning. Med andra ord skulle man kunna säga att universum strävar mot kaos. Vad innebär det? Ett exempel på entropi är när du häller socker i en kopp kaffe och sockret blandas ut med kaffet. Lagen om entropi säger alltså att allt kommer att blandas upp med allt om det ges tillräckligt med tid. Enligt entropiprincipen är det mer troligt att ett glas på ett bord ramlar ner och går sönder än att ett trasigt glas hoppar upp tillbaka på bordet och blir helt. Det kan verka banalt, men har naturligtvis en stor betydelse för hur världen fungerar.

Lagen om entropi kan lite formellt också uttryckas som att "ett system måste tillföras energi utifrån för att fortsätta fungera". Ett system kan till exempel vara ett hus som byggs ute i skogen. Tänk om det skulle stå orört i femtio år. Det skulle förfalla till sina beståndsdelar. Järnspikarna skulle rosta och panelen ruttna. Om man istället lade ner energi på att underhålla huset skulle det stå kvar lika fint efter femtio år. För att upprätthålla ett system måste man hela tiden arbeta (dvs tillföra energi) för att behålla det intakt, annars faller det in i ökad oordning.

Lagen om entropi kan även överföras på organisationer. Organisationer som växt sig stora måste tillföras mycket energi för att upprätthålla sin struktur. Ibland brukar det till och med krävas att en gammal organisation bryts upp för att vissa organisatoriska problem ska kunna lösas.

När nya offentliga vårdinrättningar uppfördes i USA på 2000-talet visade de sig mer effektiva än privata. I andra fall har det visat sig att privat sjukhus är mer effektiva än offentliga. Hur går det här ihop? Utan att lägga sig i den politiska debatten om offentliga eller privata sjukhus är bäst, så kan det nog konstateras att den gemensamma faktorn här troligtvis är att en ny organisation inte lider av gammal byråkrati, gamla arbetsmetoder, inrotade konflikter etc. Genom att man får börja från början med de senaste metoderna, senaste utrustningen och motiverade och engagerade medarbetare finns ett försteg gentemot en äldre organisation. Men att lägga ner en så pass stor organisation som ett sjukhus vart tionde år för att sedan bygga upp det igen är inte lönsamt trots de effektivitetsvinster det skulle innebära. Vi måste alltså tillföra våra organisationer energi utifrån, dvs hela tiden arbeta aktivt, för att upprätthålla effektiviteten.

Om ett system måste tillföras energi för att upprätthållas måste man förstå hur systemet fungerar

för att kunna tillföra energi på rätt sätt, dvs för att
kunna förbättra systemet. Här bör man skilja mellan
att förändra och förbättra ett system. Att förändra
ett system är ganska lätt, och på så vis skapa en ny
ordning i systemet. Men det är inte lika lätt att för-
bättra det så att det blir mer effektivt. Det finns en
rad praktiska exempel att ta lärdom från. Hos män-
niskan finns det t ex en viss kompensationsvilja.
Inom trafikforskningen är det ett känt fenomen.
När bilarna och vägarna har gjorts mindre riskfyllda
tenderar bilförarna (dvs vi) att öka hastigheten och
vårt risktagande så att olycksstatistiken förblir oför-
ändrad. Genom att förstå den här helheten försöker
man bygga vägar och skapa vägförhållanden som lu-
rar människans kompensationsvilja. Till exempel är
kurvigare vägar bättre än raka vägar då vi upprätt-
håller koncentrationen bättre. Samtidigt försöker
man göra vägarna mer säkra genom diverse räcken
etc.

Att tänka i system har blivit allt mer populärt. Inom
vården har det arbetet bidragit till att minska antalet
fel som begås. När ett fel sker vid t ex en operation
leder det ofta till att man letar efter en syndabock,
dvs vem som är ansvarig för felet. Problemet med
att leta syndabockar på det här sättet är att det inte

reducerar antalet systematiska fel som görs. Naturligtvis begår enskilda människor fel oavsett om förutsättningarna varit de bästa eller inte. Men ofta är det en kedja av händelser som leder fram till att ett fel begås. Och det är endast när vi förbättrar det system som händelsekedjorna sker inom som vi långsiktigt minskar risken för olyckor eller felbehandlingar. Att någon gör fel kan i grunden bero på t ex brister i rutiner, kompetensutvärderingar eller utbildningsinsatser. För att kunna minska risken för framtida fel bör man göra något åt grundorsaken till att felet inträffade. Att enbart konstatera att en person har gjort fel leder då främst till att den personen inte gör om samma fel igen.

Den här typen av systemkomplexitet kan ses i många sammanhang. Ett internationellt uppmärksammat exempel kommer från medicinkliniken på det svenska Höglandsjukhuset i Eksjö. Där hade de problem med överbeläggning på avdelningen och många patienter fick hänvisas till akuten. Genom att försöka se det hela i ett lite större perspektiv hittade man lösningen. De följde helt enkelt de olika patienternas väg genom behandlingsystemet. Där upptäcktes att ett problem var att efterbehandlingen var utanför sjukhusets kontroll och inte fungerade som den skulle. Genom att förlänga behandlingsprocessen och ta med efterbehandlingen började antalet återvändande patienter att minska. Följden blev att köerna till kliniken blev kortare, stressen hos personalen minskade och patienterna blev friskare.

Men eftersom en återvändande patient i genomsnitt tar 10 minuter i anspråk för läkaren och en ny patient 20 minuter, ledde det till att den genomsnittliga läkartiden per patientbesök ökade. Därmed kom sjukhusledningens controller ner till kliniken och undrade vad det var de egentligen höll på med, eftersom effektiviteten mättes utifrån hur lång tid varje läkare ägnar åt varje patient. Fokus var alltså på behandlingstid vid varje besök och inte andelen friska patienter eller den totala behandlingstiden per patient. Det här är ett tydligt exempel på hur vi kan bli otroligt mycket mera effektiva om vi sätter in saker i ett sammanhang och funderar på vad vi egentligen vill uppnå.

Vi bör sålunda alltid ställa oss frågan när vi vill förändra: I vilket sammanhang införs en viss åtgärd, och vad vill vi uppnå? För vi behöver bland annat veta vilka händelsekedjor en viss åtgärd skapar, om den tänkta åtgärden leder till det som är tänkt, om det finns beroenden som påverkar åtgärden etc. Här behöver vi ett visst mått av kreativitet för att kunna tänka nytt. För allra helst vill vi ju veta vilka händelser som en viss åtgärd kan åstadkomma som vi inte tänkt på redan nu.

Listan på exempel när det blivit fel i organisationer kan göras lång. Det kan bero på att en åtgärd inte har legitimitet och därmed fattas inte övriga beslut så att de stödjer åtgärden. Det kan bero på att åtgärden redan genomförs i annan form i någon annan del av organisationen. Åtgärden är kanske inte samordnad med övriga processer och därmed saknas resurser för helheten, eller det blir förseningar.

När en organisation sätter mål uppstår problemet också att det oftast bara är den kvantitativa aspekten som målsätts, vilket i sin tur kan leda till att kvalitén förändras och det övergripande syftet med målet förfelas. Andra problem som ofta uppdagas för sent är att det fanns andra mål som stod i konflikt med det nya införda målet. Många gånger kan vissa åtgärder sättas in av slentrian för att skapa upplevelsens av att något sker, eller åtgärder införs utifrån olika kompromisser genom att olika deltagare i en ledningsgrupp har olika behov. Allt det här leder till att vi kan få effekter som inte är önskvärda.

Det här ämnet om systemkomplexitet skulle kunna utvecklas både länge och väl, men vi nöjer oss här med att konstatera att det är viktigt att inte glömma

bort att sätta saker i sitt sammanhang och fundera
en extra gång på vilka oönskade effekter en viss åt-
gärd kan ge. Annars är det lätt att vi inte får de för-
ändringar vi vill ha.

Starta alltid resonemanget utifrån vad som är det
slutliga målet med en åtgärd. Använd också gärna
den i kapitel fem beskriva fördjupade tekniken med
den omvända historiebeskrivningen i den lösnings-
fokuserade metoden, för att minimera felaktiga åt-
gärder när du vill driva en förändringsprocess. Den
bygger på idén att hitta sätt att förenkla och förkorta
vägen mot målet.

Den som arbetar mycket med verksamhetsutveckl-
ing har förmodligen tänkt på att den beskrivna för-
djupade lösningsfokuserade tekniken med det om-
vända historiska perspektivet har mycket gemen-
samt med managementfilosofin och metoden Lean.
Det är inte så konstigt då båda bygger på samma
grundläggande resonemang om att skapa effektiva
och kortare vägar mot målet genom att bland annat
minimera onödiga aktiviteter och åtgärder. Detta
oavsett om det kallas processer eller missbruksbe-
handling. Det man emellertid bör tänka på är att det
finns olika varianter av Lean som förespråkas och
alla är inte lika konstruktiva. Som med alla metoder
beror metodens effektivitet på hur den används och

införs. En metod kan sällan överföras exakt lika in i olika sammanhang, och då blir förståelsen för metodens syfte och tankemodell avgörande.

Av just den anledningen att det är svårt att införa samma metod exakt lika på olika situationer, så har den här boken försökt fokuserat på att beskriva och ge insikter i olika generella aspekter när det kommer till förändringar. De metoder som beskrivits har varit av mer övergripande karaktär istället för detaljerade beskrivningar av tillvägagångssätt som ska följas punkt för punkt. Förhoppningen är dock naturligtvis att beskrivningarna varit tillräckligt tydliga för att specificerade tillvägagångssätt, beroende på situation och behov, kan utformas ifrån dem.

Avslutning

"Ge mig sinnesro att acceptera det jag inte kan förändra, mod att förändra det jag kan och förstånd att inse skillnaden."

Reinhold Niebuhr

Erfarenheterna säger att det mesta går att förändra bara vi vet hur. Forskningen har visat att till och med intelligensen går att förbättra, även om vi inte trodde det tidigare. Och det vi inte kan förändra måste vi helt enkelt lära oss acceptera.

Förhoppningsvis har du genom att läsa den här boken fått nya idéer och uppslag till att bättre hantera de förändringar du möter eller önskar.

Lycka till!

Referenser

Här en lista med några av de författare och texter som jag har inspirerats av och hämtat kunskap från, och är förslag på vidare läsning för er som är intresserad av att fördjupa er i något ämne som tagits upp i boken.

An Introduction to Brain and Behaviour, Bryan Kolb, Worth Publishers, 2005

Art Quilt Workbook: Exercises & Techniques to Ignite Your Creativity, Jane Davalia, C&T Publishing, 2007

Body Language, Julius Fast. M, Evans Co Inc, 2002.

Freakonomics, Steven D. Levitt and Stephen J. Dubner, Prisma, 2005

Get Anyone to Do Anything, David J. Lieberman, St. Martin's Press, 2000

Guru, Zac O'Yeah, Ordfront, 2005

Hjärnan, Lars Olson, Karolinska Institutet, 2007

How to lift Depression…fast, Joe Griffin, Human Givens Publishing Ltd, 2004

Influence, The Psychology of Persuasion, Robert B Cialdini, Collins Business, 2007

Interviewing for Solutions, Insoo Kim Berg and Peter De Jong, Brooks/Cole, 2007

Intuition, Fredrik Praesto, Liber, 1997

Kidnappad hjärna: en bok om missbruk och beroende, Miki Agerberg, Studentlitteratur AB, 2004

Making Democracy Work, Robert D. Putnam, Princeton University Press, 1993

Masked Priming: The State of the Art, Sachiko Kinoshita and Stephen Jeffrey Lupker, Routledge, 2003

Mental träning, Stephen Eiffert, Damm Förlag, 2002

On antidepressant effects of running and SSRI: Focus on hippocampus and striatal dopamine path-ways, Avhandling, Astrid Bjørnebekk, 2007

Pinocchioeffekten, Henrik Diamant och Mikael Zethelius, Natur och Kultur, 2006

Psychology: The Science of Mind and Behaviour, Michael W Passer and Ronald E Smith, 2008

Retorik idag, Göran Hägg, Wahlström & Widstrand, 2002

Självkänsla nu! [Self Esteem Now!], Mia Törnblom, Månpocket, 2006

Social Cognition: From Brains to Culture, Susan T. Fiske and Shelley E. Taylor, McGraw-Hill, 2007

Solutions Focus Working, Mark Mckergow and Jenny Clarke, Solutions Book, 2007

Sociology, Psychology and the Unconscious: The Automaticity of Higher Mental Processes, John Bargh. Psychology Press, 2006

Survival and neural differentiation of adult neural stem cells transplanted into the mature inner ear, Hu Z, Wei D, Johansson CB, Holmstrom N, Duan M, Frisen J, Ulfendahl M, 2004

The Art of Happiness: A Handbook for Living, Dalai Lama and Howard C. Cutler, Riverhead Books, 1998

The Art of Persuasion, Juliet Erickson, Hodder Paperback, 2005

The Art of Reading Minds, Henrik Fexeus, Stock-holm Text, 2010

The Lucifer Effect: Understanding How Good People Turn Evil, Philip Zimbardo, Random House Trade, 2008

The Overflowing Brain: Information Overload and the Limits of Working Memory, Torkel Klingberg, Oxford University Press, 2008

The Rise and Fall of the Third Chimpanzee, Jared Diamond, Vintage, 1992

The Science of Happiness, Stefan Klein, Da Capo Press, 2006

Thinking, Fast and Slow, Daniel Kahneman, Penguin, 2012

Tipping Point, Malcolm Gladwell, Little Brown, 2002

Witness for the Defense: The Accused, the Eyewitness and the Expert Who Puts Memory on Trial, Elizabeth Loftus and Katherine Ketcham, 1992

10 Dumbest Mistakes Smart People Make and How To Avoid Them, Arthur Freeman and Rose DeWolf, William Morrow Paperbacks, 1993

Författaren

Jimmy Algotsson är för närvarande boende i Uppsala, men är uppvuxen i de norra delarna av Sverige. Under de senaste femton åren har han arbetat med lednings- och styrningsfrågor i olika verksamheter både nationellt och internationellt. Förändringar av olika slag är liksom i det dagliga livet en naturlig del i våra organisationer. Och det är både professionella och privata erfarenheter som gett inspiration till den här boken. Mycket av underlaget utgår också från vad den samtida forskningen säger.

Synpunkter på boken med mera kan mejlas till författaren på adressen: jimalg@hotmail.com